I0840337

EL COMPLEJO DE ABANDONO EN PSICOTERAPIA

FERNANDO JIMÉNEZ H.-PINZON

LOS COMPLEJOS PATOLOGICOS EN PSICOANÁLISIS

En *"Historia del Movimiento Psicoanalítico"*, escrito en 1914 , afirma Freud que *"la palabra **complejo** ha adquirido derecho de ciudadanía en el Psicoanálisis, en calidad de término muy adecuado, y a veces imprescindible, para la síntesis descriptiva de hechos psicológicos"*.

Reconoce, en varios lugares, que la paternidad del término se debe a Carlos Gustavo Jung, y lo define como *"trama (o entramado) de representaciones con sus afectos correspondientes,(...) normalmente reprimidos"*[1]. En otro lugar lo alude como *"contenido ideológico perturbado"*, en el caso de Schreber (1911)[2] lo describe como una *"fantasía inconsciente"*, y en *"La Dinámica de la Transferencia"*(1912) lo refiere como *"representación consciente con raices incosncientes"* . En otro lugar le llama a estas raices *"contenidos representativos"* y en

---

[1] En *"Carta al Dr. Friederich S. Kraus sobre la **Anthropotheia"**, 1910.* Se trata de un volumen que recopila chanzas y dichos eróticos, preparado por el Dr. Kraus y comentado en esta carta por Freud.

[2] nota 35

"Tres ensayos para una teoría sexual" explica que más que de *"complejos inconscientes"* habría que hablar de *"los contenidos inconscientes de los complejos"*. En *"Lecciones introductirias al Psicoanálisis"* (1915) lo define como un

"conjunto de ideas e intereses saturados de afecto, cuya intención permanece ignorada, o sea inconsciente".

Son siempre definiciones y aclaraciones dadas de soslayo, sobre la marcha, como presuponiendo en todo caso que el lector sabe ya bien de qué se trata.

La mecánica funcional del complejo la describe un poco más detenidamente en *"El Psicoanálisis y el Diagnóstico de los hechos en los Procedimientos Judiciales"*, donde se recoge una conferencia pronunciada, en 1906, en la Universidad de Viena, en el Seminario del Profesor Loffler. En esta conferencia explica la dinámica del complejo, su mecánica funcional, refiriéndose al experimento de las *asociaciones condicionadas* (condicionadas por los estímulos verbales de Bleuler y de Jung) pero aclarando que esta mecánica funcional ya la había el mismo descubierto y desarrollado, en referencia a los olvidos y las parapraxias en *"Psicopatología de la Vida Cotidiana"* y al significado de los chistes en *"Los chistes y su relación con el Inconsciente,* y haciendo también una breve alusión al "aprovechamiento que Adler hizo de sus descubrimientos", aunque sin nombrar el concepto adleriano de *complejo de inferioridad.*

En el conjunto de la obra de Freud, este término verbal aparece 204 veces en singular, y 74 veces en plural. Es decir, 278 veces cita Freud en sus obras la palabra **"complejo"**, aunque algunas veces este término está empleado como adjetivo, sobretodo en escritos anteriores a la aparición de Jung en la escena psicoanaítica, como en su obra *"Una Psicología para Neurólogos"*, de 1895), donde lo emplea como adjetivo muy reiteradas veces (*"un sistema complejo"*, p.e).

En una nota a *"Psicopatología de la vida cotidiana"* se dice que, según Strachey, el término "complejo" empezó a utilizarlo Freud a partir de 1907 bajo la influencia de Jung. Se refiere naturalmente al término empleado como sustantivo, referido al **foco patógeno**, que él mismo lo adjetiva, a través de toda su obra, de *complejo paterno (o parental), complejo materno, complejo* *fraternal, complejo de castración, complejo de masculinidad (derivado del anterior), complejo sexual, complejo erótico, complejo de muerte,* y sobretodo *complejo de Edipo,* que otras lo refiere como *complejo nuclear,* y *complejo de Electra,* al que reconoce como aportación de Jung. En el "Caso de Juanito"(1909) habla de *complejo de estreñimiento,* interpretado como *"odio contra el padre",* en *"Lo Siniestro"*(1919) cita el *complejo de Nathaniel,* interpretado como actitud femenina frente al padre, y en carta a Theodor Reik (1910) llega a denominar *"complejo de Virgen Maria"* referido a la problemática del músico Gustav Malher en su relación con su mujer Alma. En plural los adjetiva como *complejos neuróticos, complejos sentimentales, complejos psíquicos, complejos reprimidos, complejos inconscientes, complejos infantiles, complejos familiares, complejos del amor al dinero* (en *"El carácter y el erotismo anal"*), *complejos del carácter.* Tambien menciona los *complejos homosexuales,* los *complejos perturbadores,* los *complejos ideacionales*[3]...Creo que he completado todas las citas de Freud.

---

[3] *"Estudios sobre la histeria"* nota III, revisión de 1941

8

Al final de *"Análisis de una fobia de un niño de 5 años"* (el caso de Juanito) hace alusión a *"complejos aún desconocidos, que han contribuido a la regresión y mantienen la libido orientada hacia la madre"*.

EL COMPLEJO DE ABANDONO

Aquí podemos introducir nuestro concepto de *"Complejo de Abandono"* , desconocido o nunca mencionado por Freud porque pienso que, quizas, "el complejo de abandono" hubiera encajado mejor en el sistema epistemológico de Fromm, entre sus otras nociones de desarraigo, separatividad, desvinculación, soledad y miedo a la libertad...

Voy a hacer una somera presentación de este **cuadro nosológico**, aunque antes de empezar quiero citar algunos versos de la "Canción Deseperada" de Pablo Neruda, donde se expresa con palabras dramáticas el grito desgarrado de la experiencia existencial del abandono:

"Abandonado como el muelle en el alba.
Es la hora de partir, ¡oh, abandonado!

Sobre mi corazón llueven frias caracolas.
¡Oh sentina de escombros, feroz cueva de náufragos!

(...) Ansiedad de piloto, furia de buzo ciego,
turbia embriaguez de amor, ¡todo en tí fue naufragio!

En la infancia de niebla mi alma alada y herida.
Descubridor perdido, ¡todo en tí fue naufragio!

Te ceñiste al dolor, te agarraste al deseo
te tumbó la tristeza, ¡todo en ti fue naufragio!

En la literatura psicoanalítica solamente he encontrado el sintagma verbal *"complejo de abandono"* en un libro de divulgación *"La Psychoanalyse expliquée"*, de 1952, escrito por el Dr. J. Stephani-Cherbuliez, y en *"Les complexes personells"* de Roger Muchielli, publicado en 1971. En el *"Vocabulario de Psicoanálisis"* de Laplanche y Pontalís, uno de los epígrafes es *"Neurosis de abandono"* donde se cita y se resume un solo libro, el de la Dra. Germaine GUEX titulado *"La nevrose d'abandon"* (P.U.F., París 1950). En una nota final se dice que la Dra. Guex en una comunicación personal les dijo a los autores de Diccionario que más que neurosis podría denominarse *"sindrome de abandono"*.

Pero es sabido que

para Freud las fronteras patológicas dependen de la intensidad y magnitud de los síntomas, y que ese *foco patogeno* que constituye el *síndrome complexual* llegaría a difundirse en neurosis, e incluso en psicosis, según la intensidad con que llegara a influir en el comportamiento y en el equilibrio emocional del sujeto, o incluso en sus funciones mentales y cognitivas.

En *"Tres ensayos para una teoría sexual"*, en una nota de 1920, afirma expresamente que el descubrimiento de *complejos psíquicos* - correspondientes a las distintas modalidades evolutivas del erotismo: oral, anal, uretral...- *"no autoriza a deducir una anormalidad o una neurosis. La diferencia que separa lo normal de lo anormal no puede responder más que a la intensidad relativa de los distintos elementos del instinto sexual y al papel desempeñado por ellos en el curso del desarrollo"*. En las conferencias de Clark University ya había afirmado, citando a Jung, que

" los neuróticos enferman a causa de los mismos complejos con los que luchamos los sanos"

12

Esto lo había expresado con las mismas palabras en 1908, en *"Teorías sexuales infantiles"*; y en 1912, en *"Contribuciones al Simposiium sobre la Masturbación"* afirmó que *"los complejos pueden encontrarse en sujetos sanos y normales"*, palabras que repite casi textualmente en *"Introducción al Narcicismo"* (1914) donde, citando de nuevo a la escuela suiza, habla de *"complejos comunes a sanos y enfermos"*. En varios pasajes de otros escritos se refiere a *"sus propios complejos"* , y en los *"Los consejos al mádico para el tratamiento psicoanalítico"*(1912) les exige a los analistas someterse a la *"purificación psicoanalítica"* para que adquieran conocimiento de los *"complejos propios que pudieran perturbar la aprehensión del material suministrado por el analizado"*. Se podrían aportar otras muchas citas, algunas referidas a los complejos que subyacen en las psicosis.

ETIOPATOGENIA DEL COMPLEJO DE ABANDONO

La sintomatología del Complejo de abandono, cuyo síndrome

-concurso de síntomas- analizaremos más adelante, no se relaciona con conflictos edípicos, sino *con una inseguridad afectiva fundamental* que no tiene que corresponder necesariamente a un abandono real y objetivo sufrido en la infancia. El Dr. J. Stephani-Cherbuliez, en *"La Psychanalyse expliquée"* afirma: *"Para el niño pequeño la solicitud de aquellas personas de quienes depende, y principalmente de su madre, es la condición de la supervivencia, y su retirada significaría la muerte. Es, pues, lógico que la impresión de ser abandonado despierte en él una reacción intensa, total, desesperada. Y para que sobrevenga esta reacción no es necesario que el niño se encuentre realmante abandonado enmedio del campo o al borde del camino; basta con que tenga la impresión de perder el contacto con aquellas personas cuya cercanía le es vitalmente indispensable. "* Añado: basta una simple percepción de rechazo, distanciamiento u olvido que despierte en él la *fantasía del abandono,* tan universal como tanta

veces representada en los cuentos infantiles: Pulgarcito, Hansel y Gretel, Blancanieves, La Cenicienta…

El primer condicionante existencial para la supervivencia y para el desarrollo del organismo biopsicológico, irrenunciable, ineludible, es, sin duda, la experiencia de amor, que, en el niño, en esa etapa inicial de su llegada al mundo y de su recorrido vital, se ubica en un espacio concreto y único, que se llama LA MADRE. Su carencia es lo que origina la falsificación del yo, la personalidad antisocial, la necesidad de agresión desde las profundas frustraciones y desde los temores profundamente arraigados en la negación de esa necesidad básica de amor. Jacques Lacán, llama a esta experiencia infantil de madre la "fase del espejo", que corresponde a la fase del *"nercicismo primario"* de Freud, dentro del proceso evolutivo del niño. Porque es en este espejo de la madre donde el niño se descubre a si mismo, donde experimenta y adquiere su reconocimiento, donde asimila y toma consciencia de su propia identidad y donde fundamenta su elemental autoestima para hecer frente con confianza a los retos futuros de la vida. Por eso, de los niños carentes de esa experiencia primordial resultan las llamadas "personalidades esquizoides" de Winnicott y Guntrip, en las que no se ha constituido un yo personal reconocible, como eje central de sus actuaciones autoresponsables… con todas las catastróficas consecuencias, para él y para la sociedad, que esta malformación psíquica pudiera llegar a implicar[4]. Le escuché a Antonio Gala que la madre es, en lo humano, el Paraíso terrenal, cargado para el niño de todos los frutos y de todos los goces, del cual tantos niños y niñas de este mundo se han sentido arrojados, con una señal indeleble sobre la frente, como Caín, al este del Edén Por eso, el niño buscando ávidamente el chupete o chupándose el dedo con ansiedad, está intentando, simbólicamente, retornar al Edén, no perderlo definitivamente, aferrarse a la madre y al placer a través de estos objetos sustitutorios que la representan. Se les llaman en la terminología de Winnicot objetos "transicionales" porque le sirven de transición en el proceso necesario de independizarse de la madre y son a veces tablas de salvación en el naufragio del abandono.

El complejo de abandono se considera, pues, de Etiología preedípica.

---

[4] No corresponde necesariamente a un abandono real por parte de la madre (las consecuencias del abandono real fueron estudiadas por Spitz: depresión anaclítica) sino a una actitud de la madre que es sentida como negación de amor (p.e. "la falsa presencia" de la madre)

La incesante e intensa búqueda de amor o de su comprobación fehaciente, por parte de la persona que sufre este complejo, signficaría la búsqueda de la seguridad perdida, cuyo prototipo sería, como hemos venido repitiendo, la fusión primitiva del niño con su madre.

Para Guex el sujeto con complejo de abandono, o de *abandonado*, ha permanecido más acá del Edipo, el cual hubiera constituido para él una amenaza excesicva a su seguridad... Añadiríamos que, en muchos casos, ha atravesado la fase del Edipo pero conservando incólume un **nódulo hipersensibilizado**, representativo de todas sus experiecias carenciales y frustrantes, con una potencia dinámica invasora, incotrolable y desequilibradora. Este nódulo se ha detenido en un estadio primitivo, donde toda la fuerza instintiva y primaria parece drenar en un solo sentido, dominada por una sola urgencia: asegurarse del amor, y por su intermedio, mantener la seguridad existencial.. Cualquier circunstancia exterior que suponga una amenaza a esa precaria seguridad reactiva toda la angustia inicial encapsulada en el complejo, que se desborda con toda su fuerza invasora.

Complementariamente a esta experiencia relacional con la Madre, el padre vehicula otro de los condicionantes, indispensable para el crecimiento madurativo y armónico del organismo psíquico infantil, ya operativo desde las primeras relaciones objetales en la primera infancia. Es la experiencia de PERTENENCIA, la experiencia endovivencial de inclusión en un grupo humano, en el que la *imago paterna* representa la garantía y las normas. En esta inclusión se producen los siguientes efectos psicológicos y psicosociales: 1º se asegura la protección del yo y se afirma su seguridad, 2º se alimenta la confianza en uno y hacia los demás, 3º el yo adquiere un reconocimiento por parte de los otros, con un apellido de referencia, y 4º se va abriendo hacia la inclusión prgresiva dentro de otros grupos sociales de pertenencia, hasta el sentimiento totalizante de pertenencia a la Humanidad. No puedo dejar de recordar aquí, los versos de nuestro poeta-pastor Miguel Hernández, escritos desde la cárcel a su esposa que espera la llegada del hijo: *"Te quiero en tu ascendencia/ y en lo que de tu vientre descenderá mañana./ Porque la especie humana nos dieron por herencia,/ la familia del hijo será la especie humana"*. La falta de este condicionante primordial de Pertenencia supondrá el desarraigo vital del niño, el desamparo existencial, la desconfianza como defensa instintiva, la agresividad y la destructividad que refuerza los sentimientos ya encapsulados en el nucleo complexual y se constituye como factor de riesgo permanente sobreañadido a la herida maternal.

La experiencia objetiva, o subjetiva e imaginaria, del abandono, y el terrible temor de que vuelva a repetirse permanece en gran medida inconscientes, ignorados por el propio sujeto, por lo que, en consecuencia no pude defenderse de este sentimiento o fantasía inconsciente, y mucho menos liquidarlo. De lo que se sigue que este foco patógeno, este nódulo representativo sensibilizado, atravesará la adolescencia y llegará a la edad adulta y a la vejez amenazando premanentemente al individuo que lo porta como un ave de presa que en cualquier momento puede echarse sobre sus hombro y picotear implacablemente su cabeza. Hasta poder llegar a destrozarla, que sería metafóricamente el caso de la psicosis. Para Freud, como ya hemos dicho, el complejo con cualquier a de sus adjetivaciones, está, como foco patógeno, en la base de la neurosis e incluso de la psicosis. Depende de la intesidad de su irradiación y de su fuerza invasora en la vida afectiva y en el comportamiento del individuo. Y en el caso de la psicosis, de su posibilidad de afectar las zonas cognitivas de su psiquismo. Pero por sí mismo no constituye una psicosis o una neurosis: en una persona normal podrá permanecer a la manera de un Talón sensibilizado, que como el de Aquiles incluso podría favorecer , como formación reactiva, la construcción de una fortaleza de personalidad o de un equilibrio compensatorio.

SINTOMATOLOGÍA

Se trataría, pues, de un

cuadro clínico en el que predomina *la angustia del abandono y la necesidad de seguridad.* **Su sintomatología específica se desgrana en** *angustia, agresividad, masoquismo autocompasivo y deficit de autoestima.*

Toda esta sintomatología se produce en relación y dependencia de siete contenidos endovivenciales permanentes, que son expresivos e indicativos de la existencia de ese nódulo hipersensibilizado, que llamamos complejo, siempre expuesto a *"ser herido"* (es metáfora de Freud en *"Psicopatología de la vida cotidiana"*) por cualquier inesperado o imprevisible estímulo. Estos contenidos endovivenciales permanentes son:

1.- La certeza de estar rechazado: "se me da de lado", "soy un don Nadie".

2.- La sospecha de ser poco querido, estimado, valorado o reconocido: no ser interesante por sí mismo.

3.- La extrema sensibilidad de la actitud afectiva de los demás con respecto a él: el dramatismo con que vivencia, y a veces expresa, cualquier exclusión, distanciamiento, o rechazo. Los "ataques de celos" estas personas lo sufren de un modo masoquista y lastimoso. De esto tendríamos miles de ejemplo. La persona que nos dice: "bueno, ya sé que lo ha hecho, ya sé que estuvo con otro, o con otra; y la verdad es que estoy dispuesto a soportarlo; ya no me importa. Lo que me atormenta y me obsesiona es que pueda volver a hacerlo..." Y la misma persona se extraña de sentir así, sin sospechar que lo que le duele no es la herida del amor, sino la del abandono.

4.- La sensación depresiva de vacío existencial, de pérdida de gusto por la vida, consecuente a lo noción de insisgnificancia que de los sentimientos anteriores se desprende. Esta experiencia endovivencial es comín a todos los complejos.

5.- La inseguridad permanente sobre la calidad o la autenticidad del afecto que recibe. Pone en duda la sinceridad de las atenciones, del cariño que le ofrecen . Su avidez infinita de amor, junto con su inseguridad original, requieren pruebas absolutas de incondicionalidad.

*"**Su mal de amor participa de lo infinito y por lo tanto solo remedios absolutos pueden curarlo: juega al 'todo o nada' sin paliativos"**.* **(Guex)**

6.- La puesta a prueba de los signos del amor, del interés o de la amistad que se le testimonia. Llega a reclamar no solo ser comprendido, sino *ser adivinado*. No exterioriza claramente sus deseos o pesares, para poner a prueba la autenticidad de la otra persona. Su necesidad ilimitada de amor la presenta de modo polimorfo, a veces dificil de reconocer (p.e. puestas a prueba muy sutiles, diseñadas al estilo del juego *"te pillé"* de Eric Berne) . Entonces sobreviene el reproche y la deseperación, o la rigidez hiriente, la indiferencia el sarcasmo, como comprobante, a través de la paciencia de la otra persona, de la medida de su amor.

7.- A veces desemboca en excesos de agresividad, por la desesperante frustración que se sigue de todo lo anterior, que le proporcionan inevitables rechazos, por lo que su complejo se encuentra siempre en estado circular de realimentación permanente.

NIVELES OPERATIVOS DEL COMPLEJO DE ABANDONO

> **Se estudian cuatro niveles operativos del complejo de abandono, dependiendo de como ese foco patógeno irradie en las actitudes y en el comportamiento de la persona y de como esta metabolice y organice los sentimientos que de él dimanan en su vida interrelacional, llegando a configurar una *Tipología* con cuatro modalidades caracteriológicas.**

-El <u>primer nivel</u> constituye la *forma simple* de irradiación del complejo y de organización caracteriológica de los sentimientos que de él dimanan, fundamentando la especificidad de sus relaciones interpersonales. Corresponde de algún modo al tipo *positivo-afectivo* descrito por la Dra. Guex: Persona que establece facilmente buenas relaciones afectivas con los demás, en búsqueda constante y ansiosa de amor, valoración, reconocimiento. Su actitud es *activa* en la forma y *pasivo-receptiva* en el fondo, con muchos puntos en común con el *caracter receptivo* de la tipología de Erich Fromm. Esta *"oralidad pasiva"*, la necesidad de recibir, de ser alimentado, se proyecta a veces en las personas que percibe, o que él mismo reviste, con la imagen de "madre ideal" (no importa el sexo ni la edad) a la que se entrega con toda su capacidad de devoción o de servidumbre. El miedo a perder el amor puede conducirle a una total represión de su agresividad, incapaz de tomar consciencia de cualquier sentimiento de odio, y a la anulación de toda actitud autoafirmativa. Por esos mecanismos de aferramiento, procura a cualquier precio mantener, conservar, lo que ya tiene. Puede manifestarse en comportamientos muy sutilmente racionalizados (p.e. en el profesor que no suspende para evitar en rechazo de sus alumnos). En sus relaciones intersexuales, la afectividad tiene primacía sobre la sexualidad. Todo su equilibrio interelacional se mantiene por un sistema de rgualación bioafectiva muy simple , dependiente de las necesidades primarias de seguridad y amor. De lo que resulta un comportamiento interelacional que corresponde, en la teoría de Piaget, al estado *preoperacional-egocentrado*, o al estado *operatorio-concreto* del desarrollo intelectual, casi sin acceso a la siguiente etapa *formal-abstracta* de relaciones valorativas y autónomas, socionómicamente reguladas.

-En el <u>segundo nivel </u>se presenta la *forma complicada,* a causa de la negación autodefensiva. Configura al tipo *negativo-agresivo* de la tipología de la Dra. Guex: egocéntrico, desconfiado, poco generoso consigo mismo, resentido. Rechazan ls responsabilidades afectivas en las relaciones interpersonales: dejan para no ser dejados, destruyen para no perder. Se "blindan" frente a todo lo afectivo, negándose a toda forma de amistad, fidelidad, ternura, participación...La angustia de su propio complejo de abandono les hace sufrir, pero sobretodo pueden hacer sufrir a otros, sobre los que proyecten su complejo, por las exigencias que pueden llegar a ser una verdadera y terrible tiranía. En su necesidad de amor, no pueden amar de manera generosa y oblativa: exigen, tiranizan, someten, reivindican sin cesar porque la cuenta de su infancia jamás se cierra. Para tomar la delantera, inflijen a su vez el abandono,y al hacerlo se redimen de su soledad y de la dependencia masoquista, convirtiéndola en sádico sometimiento. También este tipo está, en algunos de sus aspectos, descrito por Erik Fromm en el *carácter destructivo*.

- En el <u>tercer nivel,</u> los sentimientos del núcleo conflictual configuran la *forma sublimada* que se expresa a través del tipo *teorético-intelectualizado*: concepción filosófica de la condición humana, arrojada y abandonada en el mundo, sola y angustiada. Desde esta angustia existencial se cohonesta la canalización cósmica de la agresividad, intelectualizada y recionalizada, contra el destino o contra los dioses inmortales responsables de ese mísero destino humano..

- La *forma supercompensada* constituye, un <u>cuarto nivel</u>, de tipología *supercompensada y* aparentemente *autovalorada*, desde una actitud generosa de intensa participación, en busca exagerada y permanente de afección, y con una actividad desbordante de autoinmolación y provocación de amor. El sujeto se erige en *"madre ideal"* y se sacrifica con la esperanza de obtener el amor a cambio.

LOS TIPOS *FILOBÁTICOS Y OCNOFÍLICOS* DE BALINT

Michael Balint, en su obra traducida al francés con el título *"Les voies de la régression"* (1972) expone una psicologia del *vèrtigo*[5] a partir de las reacciones frente al espacio vacío, observadas en los parques de atracciones. El distingue dos categorías de individuos:

- Los *"filobáticos"* que disfrutan en el espacio vacío, a pesar del estremecimiento y el miedo que suscita la exposición ante un "peligro" externo y objetivo.

- Y los *"ocnofílicos"* que no soportan estas situaciones en las que perciben amenazada su seguridad, reaccionan con vértigo insoportable y sobresalto, o escalofrío, y solo se liberan del miedo o recuperan su seguridad cuando se pueden apoyar, o aferrar a algo sólido. Su mundo mental y

---

[5] Traducimos así el término inglés "thrill", traducido al francés como "frisson" en Balint, *"Les voies de la régression",* Ed. Payot, París.

emocional está estructurado en la *proximidad física y la necesidad de tocar.*

En cada individuo hay una mezcla de los dos componentes, en proporciones variables, aunque para el *ocnofílico* es espacio vacío resulta insoportable si no existen objetos, *relaciones objetales,* en la que aplaca su miedo e inseguridad. Para el *filobático,* sin embargo, el espacio vacío, aún sembrado de objetos peligrosos, será un *espacio amigo,* válido por sí mismo para la propia expansión vital.

La hiótesis de Balint asigna un *origen común* para estos dos universos dispares, después de la etapa del amor primario, de la simbíosis sujeto-objeto, cuando el sujeto descubre la existencia de objetos distintos independientes. Para Balínt, los "espacios amigos" son reminiscencias de los estados vividos en la vida intrauterina y de la relación precoz con la madre, y su confianza y seguridad frente al riesgo, será la consecuencia natural de la realización positiva de esa primera experiencia. La reacción ocnofílica, por el contrario, es de miedos, angustias, desconfianzas y temores múltiples que paralizan a veces su vida afectiva. Todo ello depende del estado de miedo y angustia, propios del niño que

30

se siente amenazado por los peligros del mundo exterior, poblado de seres y objetos que considera temibles, i naccesibles y amenazantes, en la medida en que en su infancia no consiguió el clima de seguridad emocional y de autovaloración necasario después del rompimienro del vínculo simbiótico oiginario. Al no sentirse seguro ni valorado, ni saberse valorar, el niño se encontró en un estado de debilidad e impotencia, origen de sus terrores de entonces y de sus miedos y ansiedades posteriores, cuando no encuentra la sustitución *anaclítica* de su madre. En ese espacio ocnofílico se desarrollan los cuantro tipos anteriormente descritos, en los cuatro niveles de desarrollo y de realización.

INTERVENCIONES TERAPÉUTICAS: EL "SETTING" ANALÍTICO

Me voy a limitar ha hacer cinco consideraciones sobre la actuación psicoterapéutica y, después, expondré unas reflexiones finales sobre la eficacia terapéutica de la misma situaciòn analítica en el tratamiento de personas afectada por este conflicto endovivencial y socio-relacional.

1) Estas personas, a raiz de su inseguridad afectiva específica, de su carencia de autovaloración y del estado de avidez, cosnciente o inconsciente, en que se encuentran, esperan de su relación formal con el analista mucho más que otros pacientes afectados de patologías distintas. El mismo hecho de ser "aceptado o no" para el análisis puede llegar a cosntituir para ellas un drama insospechado, generador de una angustia tal que puede llegar a bloquear o a deformar el enfoque diagnóstico y terapéutico desde las primeras relaciones.

2) La posición recostada clásica, con la desaparición del analista del campo visual, resitua al paciente en la dimensión ocnofílica, lo cual debe ser, por lo menos, conocido por el analista para aplicar oportuna y dosificadamente este recurso y para la interpretación de esta reacción transferencial.

3) Hay pacientes que tienen consciencia, más o menos admitida o clarificada, de su complejo y refieren sin dificultad las frustraciones de las que han sido objeto, las decepciones que han padecido. Saben que carecen de confianza en sí mismos, su necesidad de amor insatisfecho...y describen de manera característica el estado de angustia y de inseguridad afectiva en que se debaten contra las dificultades de la vida. Con frecuencia, estos pacientes buscan un alivio de estos síntomas en su relación con el terapeuta, m,as que su curación y el enfrentamiento con la realidad filobática.

4) Los pacientes del segundo vivel de configuración del complejo, los del tipo agresivo y fuertemente desvalorizados presentan, a causa de este mecanismo autodefensivo, una extrema dificultad. Tratan ellos de poner a prueba al terapeuta, y si este cae en la trampa de interpretar sus manifestaciones agresivas o

defenderse de ellas contraatacando, y no captar que estas expresiones de agresividad esconden una necesidad intensa de ser comprendidos y aceptados "sin condiciones", abandonarán el análisis, tomándose la delantera para vengarse por anticipado o para preservar su herida de abndono de un presentido golpe mortal.

5) Estan también los pacientes que desvían la atención del analista en falsas direcciones, hacia otros problemas que también les preocupa. Se defienden contra la investigación analítica temiendo descubrir un infantilismo profundo que se ocultan a sí mismos y que contradice la imegen formal -*el falso self*- de una apariencia de si mismos que han logrado construir. Esto se produce entre los tipos caracteriológicos del tercero y cuarto nivel anteriormente descritos. Como son capaces de valorarse con justicia a sí mismos y muestran una sana seguridad en algunos aspectos, tieneden a producir una impresión engañosa. Pero nos advierte la Dra. Guex que la no valoración del paciente "abandónico" es un estado psíquico crónico, a menudo disfrazado mediante sobrecompensaciones diversas. Estas les permiten alcanzar un nivel de seguridad interior y un rendimiento personal satisfactorio en algunos dominios, mientras que en otros aspectos,

más cercanos a su vida afectiva, se manteniene una profunda inseguridad e impotencia. Hay que tener en cuenta que, en la mayoría de los casos, las circunstancias que privaron al niño de su inseguridad afectiva se produjeron en los primeros años, cuando el desarrollo de su *narcicismo primario* noestaba consolidado. No se trata entonces de un sentimiento de autovaloración que se haya perdido, sino de un sentimiento de valor no adquirido, o dicho de otro modo, de un narcicismo primario sofocado en su origen.

En referencia a lo expuesto, y a modo de clarificación y ejemplificación, cito un caso tomado de mi libro *"Viajes hacia uno mismo"*:

"A Charo le digo, como ofreciéndole un espejo - lo que técnicamente se llama "respuesta-reflejo"- tras sus manifestaciones asociadas:

Charo, tengo la impresión de algo así como si me hubieras dicho: "Yo, como tengo trenzas..." Y mirándote, sentada enfrente, con tu pelo liso, de melena corta, con raya al lado izquierdo... yo te respondiera: "Charo, tú no tienes trenzas; yo no las veo". Y entonces me mostraras una foto tuya, de cuando tenías 11 años, "ves como tengo trenzas".

Hay momentos, situaciones en la vida, en nuestro fluvial decurso evolutivo, en los que configuramos, perfilamos, acuñamos una imagen de nosotros mismos, y después nos aferramos a ella, como si el río de la vida se hubiera detenido en su curso, como si nos dijéramos "así soy yo, definitivamente", en una determinante fijación evolutiva.

Yo suelo entonces pro-poner, poner-en-frente, como contrastación dialéctica, el concepto -tan antiguo como el "panta rei" de Heráclito de Efeso, o como las coplas doloridas de Jorge Manrique- de nuestro permanente fluir.

"No somos", les contesto a quienes afirman autojustificadoramente "es que yo soy así", o a quienes interrogan "quisiera saber cómo soy: "no somos, les contesto, "sino que vamos siendo".

Yaveh Dios se define, en la Biblia, como "el que es", definitivamente, como el mar, con su presencia completa, total e inmutable en su propio movimiento de vida en plenitud.

En contraposición, el hombre se tendrá que definir, esencialmente, como el que no es, sino que va siendo, evolutivamente, progresivamente, acumulativamente, como el río.

En este recorrido fluvial, que nos realiza y nos constituye -nos va realizando y constituyendo-, hay momentos, inesperados, imprevisibles, en que las aguas, repentinamente, se revuelven, se arremolina, revierten sobre sí mismas, se precipitan en su vórtice de negrura donde -ellas mismas, las aguas- se ahogan, vertiginosas, gurgitadas por el abismo insondable.

Algo así podría representar, simbolizadamente, esa trágica experiencia endovivencial que se denomina complejo.

Y Charo tiene el "Complejo de abandono". En algún momento de su vida, en algún período de su progresiva autoconsciencia en evolución, le faltó -ella lo vivenció así- el cariño anhelado, la imprescindible compañía, la presencia confortadora, el abrazo, la mirada complacida... Esa imagen -sueño o recuerdo- de pie en la habitación cerrada, sola, aterida, llorando, mientras escucha voces y risas en habitaciones contiguas. Nadie la llama, nadie la busca. Abandonada para siempre.

Y yo le digo: "Charo, tengo la impresión de como si me dijeras: "Es que yo, como tengo trenzas... Porque guardas una foto, como único, exclusivo, testimonio de tu identidad, de cuando tenías 11 años".

Pero la vida que hay en nosotros, que somos nosotros, no se ha detenido, sigue fluyendo siempre, irremediablemente, esperanzadoramente, como los ríos..."

En el fondo opera el angustioso temor a que no pueda ser amado tal como es, ya que su amor fue abandonado cuando ofrecía el primer brote, sin artificios, de su ternura inicial. A veces este temor se desliza subrepticiamente, encubierto frecuentemente con sonrisas desdramatizadoras, en frases como: *"temo que le estoy aburriendo"*, *"quizás le estoy haciendo perder el tiempo"*, *seguro que tiene usted otros problemas más interesantes que los míos"* etc. que reclaman una respuesta de reconfortamiento a su disimulada pero angustiosa inseguridad existencial.

En el fondo opera el angustioso temor a que no pueda ser amado tal como es, ya que su amor fue bandonado cuando cuando ofrecia el primer brote, sin artificios, de su ternura inicial. A veces este temor se desliza subrepticiamente, encubierto frecuentemente con sonrisas desdramatizadoras, en frases como: *"temo que le estoy aburriendo"*, *"quizás le estoy haciendo perder el tiempo"*, *seguro que tiene usted otros problemas más interesantes que los mios"* etc. que reclaman una respuesta de reconfortamiento a su disimulada pero angustiosa inseguridadexistencial.

EL *"SETTING"* ANALITICO

Hasta ahora hemos tratado de la intervención terapéutica en el Complejo de abandono situándonos en la perspectiva y la actuación del *"JE"*, el *"yo sujeto"* del que habla Lacán, dentro del *plano de lo real* de la operación terapéutica, según la tópica de lacaniana, desde su concepto de los *significantes* que estructuran el inconsciente. Para las consideraciones siguientes, me situo dentro del *plano de lo simbólico* de la misma tópica lacaniana. O, dicho de otro modo, siguiendo todavía a Lacán, me situo en la perspectiva y la actuación, no del "JE", sino del *"MOI"*, *"el yo terminal"*, *"el lugar de las ilusiones de lo imaginario"*

Esta reflexión, encaja también en el concepto de *transferencia narcicística* de Kohut, ya que hace una referencia a estadios pregenitales y diádicos del desarrollo de la autoconsciencia, lugar del narcicismo primario, desde donde comienzan las primeras relaciones objetales, que Balint llama, siguiendo a Ferenczi, *"amor objetal primario"*, matriz y fuente de todos los posibles amores, así como de todas las angustias, de las *identificaciones proyectivas* kleinianas y de las primarias *posiciones depresivas y paranoides* del ser en la existencia.

El "setting" psicoanalitico, juntando las constantes de lugar, tiempo, reglas y roles, configura técnicamente un *campo*, dentro del cual se produce un proceso de regresión y una experiencia de encuentro existencial (o de *reencuentro transferencial)*.

Afirma M. Baranger, en el Congreso de México de 1964, que ese *encuentro existencial* (Etchegoyen) que se produce en el "setting analítico" *"es simbiótico por excelencia porque reproduce situaciones regresivas de dependencia simbiótica y porque va dirigido a la producción de identificaciones proyectivas"*. Lo completa Bleger, en su ensayo de 1967 *"Psicoanálisis del encuadre psicoanalítico"* que en él *" se transfiere y se repite la situación inicial de la simbiosis madre-niño"*.

Siguiendo los consejos técnicos del maestro Freud, el analista debe constituirse estrictamente, dentro de esa situación diádica de encuentro, como un espejo cuya única función es la de dejar que el paciente se vea en él reflejado. Metáfora del espejo de la que Lacán concibe un estadio esencial para la conformación de la estructura del yo, donde el niño, en relación diádica con su madre, descubre su primera identidad reflejado en ella . De aquí la relación entre "setting" analítico y experiencia maternal (distinguía Leaderer entre las *psicoterapias anabólicas*, que son paternales, y las *psicoterapias analíticas*, que son maternales) que, a mi modo de ver, está en la base del concepto de operatividad terapéutica adjudicado por F. Alexander a lo que él llamó *"experiencia emocional correctiva"* (1925, *"A metapsychological description of the process of cure")* que tanto interés despertó en los medios psicoanalíticos allá por la década de los 40.

Aunque al hablar de la "experiencia emocional correctiva" dentro de la práctica psicoanalítica, considero oportuno y justo hacer mención a las "reivindicaciones" técnicas de Ferenczi (que alarmaron a su amigo el Maestro Freud), cuya comprobación y validación terapéutica quedó frustrada por su

42

inesperado proceso degenerativo y acelerada muerte en 1933. Ferenczi se había propuesto recrear las primigenias relaciones madre-hijo, dentro de la situación analítica; adoptar incluso, prohijar al paciente con abiertas manifestaciones de afecto, con el fin de *"reparar retroactivamente las privaciones, las carencias, o las experiencias negativas experimentadas en la niñez"*. No olvidemos que el mismo Freud propuso, en carta a Fliess, como lema de su actuación terapéutica el siguiente verso tomado de una obra de Goethe: *"¿Qué han hecho de tí, hijo mío?"*

Porque en el fondo del Complejo de Abandono, como en el de toda neurosis o de todo problema de desestabilización psíquica, hay siempre una doliente herida de amor, una frustración narcicista, un anhelo sin respuesta. Todo síntoma, como mantenía Freud, es una llamada, un clamor a alguien, sobre todo a *ese primer amor que nada ni nadie, nunca, podrá igualar*. El Complejo de Abandono es un signo, una señal en la frente -como la del Caín bíblico- del arrojado del Paraíso: de ese Paraíso primordial, donde se estableció la primera relación, idílica, con el objeto esencial, fuente y matriz de todas las dichas, el Mítico Paraíso Perdido y permanentemente nostalgiado, la madre.

Termino con Neruda, expresando poéticamente, y patéticamente, el drama existencial de la experiencia de abandono:

"Oh carne, carne mía, mujer que amé y perdí,

a tí, en esta hora húmeda, evoco y hago canto.

Como un vaso albergaste la infinita ternura

y el infinito olvido te trizó como un vaso.

(...)

Mi deseo de tí fue el mas terrible y corto,

el más revuelto y ebrio, el más tirante y ávido.

(...)

Y la ternura leven como el agua y la harina.

Y la palabra apenas comenzada en los labios.

Ese fue mi destino y en él viajó mi anhelo,

y en él cayó mi anhelo, ¡todo en tí fue naufragio!

(...)

Abandonado como los muelles en el alba.

Solo la sombra tré mula se retuerce en mis manos.

Ah, más allá de todo. Ah, más allá de todo.

Es la hora de partir. ¡Oh abandonado!"

FERNANDO JIMÉNEZ HERNÁNDEZ-PINZÓN

Nacido en Sevilla. Doctor en Filosofía y Ciencias de la Educación por la Universidad Complutense de Madrid, Doctor en Filosofía por la Universidad del Paraguay, Licenciado en Filosofía y Letras por la Universidad Complutense, Licenciado en Psicología por la Universidad de Sevilla, Licenciado en Teología, Diplomado Superior en Psicología Clínica y en Grafopsicología. Ha realizado estudios especializados de Psicopatología, Psicoterapia y Psicoanálisis en la Universidad de la Sorbona de París. Ha sido profesor de Psicología en la Universidad del Paraguay, en la Facultad de Económicas y Empresariales de Córdoba, y en la Escuela Universitaria de Formación del Profesorado de Córdoba. En esta ciudad realiza actualmente su actividad profesional de Psicólogo Clínico y Psicoterapeuta. Ha sido miembro del **Centro de Estudio y Aplicación del Psicoanálisis** de Madrid, integrado en la F.E.A.P. **Federación Española de Asociaciones de Psicoterapia,** y de la **Sección de Psicoanálisis** de la "American Psycholigical Association". Es Presidente de Honor de la **AEPA "Asociación Española de Psicología Adleriana".**

Ha impartido numerosos cursos, seminarios y conferencias, en España y en el extrajero, sobre temas de Psicología educativa,

Dinámica de Grupos, Psicoterapia, Psicoanálisis y también sobre temas de Literatura.

Premio Zenobia Camprubí" por su trabajo "Dios deseado y deseante, último libro de Juan Ramón Jiménez", finalista al I PREMIO DE NARRATIVA DE LA XV FERIA DEL LIBRO DE ALMERIA por su poema-relato "La viña florecida", Finalista al XXX PREMIO MUNDIAL DE POESÍA MÍSTICA *FERNANDO RIELO* por su poemario "Si por vosotros ha pasado", y FINALISTA AL XXXIV PREMIO MUNDIAL DE POESÍA MÍSTICA *FERNANDO RIELO*, por su poemario "Contemplación para alcanzar amor". Es Académico correspondiente por Moguer de la **Real Academia de Buenas Letras, Ciencias y Nobles Artes** de Córdoba y Presidente de honor de AEPA, Asociación Española de Psicología Adleriana.

OTRAS OBRAS DE FERNANDO JIMÉNEZ H.-PINZÓN

"La Comunicación Interpersonal" (3 ediciones) , Ed. ICCE, Madrid
"Técnicas Psicológicas de Asesoramiento y Relación de Ayuda", Ed.
 Narcea, Madrid.
"Viajes hacia uno mismo" (2 ediciones), Ed. Desclée de Brouwer,
colección Serendípity, Bilbao.

48

"Seminario de Comunicación y Creatividad" Publicaciones del I.C.E. de la Universidad de Córdoba.

"La Fantasía como Terapia de la Personalidad" (2 ediciones) Ed. Desclée de Brouwer, colección Serendípity, Bilbao.

"A corazón abierto" Ed. Desclée de Brouwer, colección Serendípity, Bilbao.

"Psicoanálisis para educar mejor", Ed. Desclée de Brouwer, colección Serendípity, Bilbao.

"Complejo de Inferioridad. Enfoque terapéutico y psicoeducativo" (Compendio de la Psicología Individual de Alfred Adler) Editorial La Buganville, Barcelona.

"La viña florecida" (poema-relato) Ed. BmmC, Málaga.

"Valores para vivir y crecer" Ed. San Pablo, Madrid.

"Animal de deseos", Editorial Deauno.com, Buenos Aires.

"Anna, mi amiga" (Ensayo biográfico novelado sobre la hija del fundador del Psicoanálisis) Editorial Libros En Red, Argentina.

"Sigmund Freud. Biografía de un deseo", Editorial Libros En Red, Buenos Aires.

"Juan Ramón Jiménez, un dios desconocido", Editorial Deauno.com, Buenos Aires.

"La voz del viento: Cuaderno de recuerdos y añoranzas)" (Poemas) Edición privada.

"La Práctica del Consejo Psicológico (según los principios y metodología del *Counseling* de Carl Rogers"), Editorial ECU, Alicante.

"Tu Personalidad es tu Escritura", Editorial Club Universitario- ECU, Alicante.

"Construye tu pirámide", rd editores. Sevilla.

"Por el Laberinto del Minotauro (Claves del Psicoanálisis para entender el funcionamiento mental y sus perturbaciones)", Editorial Deauno.com, Buenos Aires.

"Un porqué para vivir", Editorial Deauno.com, Buenos Aires.

"Encuentros en el Ágora", coautor: José Mª Carrascosa. Editorial Deauno.com, Buenos Aires.

"Por los antiguos surcos", coautor: José Mª Carrascosa. Editorial Deauno.com, Buenos Aires.

"Cartas de Zenobia o el vuelo de un hada", Editorial Club Universitario- ECU, Alicante.

"En la arboleda de los sueños (La aventura de leer)", coautor: Julia Victoria Jiménez Vacas Editorial Club Universitario- ECU, Alicante.

"Los colores del agua (Diálogo a tres bandas)", coautor:es José Mª Carrascosa y Antonio Espinosa. Editorial Deauno.com, Buenos Aires.

"Microrrelatos histéricos", Imcrea editorial, Badajoz

"Anna Freud, una mujer y un destino", coautor: Julia Victoria Jiménez Vacas Editorial Club Universitario- ECU, Alicante.

"Acabarás teniendo alas (Microrrelatos)", Editorial Club Universitario- ECU, Alicante.

"Cada día, una vida", Editorial Bubok (digital)

"Del amor y la vida (microensayos para pensar, crecer y soñar)", Editorial Lulú (digital)

"Conferencias de psicología y literatura", Editorial Lulú (digital)

"Dios está azul", Imcrea editorial, Badajoz

"En el amor y el mito" (poesía), Editorial (digital).

"Si oyes la voz del viento", Editorial Blurb (digital)

"Igual si fuera un sueño" (poesía), Editorial Blurb) (digital)

"Seminario de recursos psicoterapéuticos", Editorial Lulú (digital)

"Taller: Estructura y dinamismo de la personalidad", Editorial Lulú (digital)

"Taller de crecimiento personal: Tu "Yo" y su Sombra", Editorial Lulú (digital)

"Diario íntimo de un psicoterapeuta", Editorial Lulú (digital)

"Freud: las claves del deseo", Editorial Bubok (digital)

"Taller de *Focusing*", Editorial Lulú (digital)

"Taller de Psicoanálisis y educación" Editorial Lulú (digital)

"Taller de Psicología Individual de Adler", Editorial Lulú (digital)

Taller de Lingüística y Psicología, . Editorial Lulú (digital)

Curso de Introducción a la Psicoterapia Dinámica y Humanística, . Editorial Lulú (digital)

Prácticas psicológicas para conocernos y triunfar, Editorial Lulú (digital)

Test Grafológico (Método de aplicación directa), Editorial Lulú (digital)

LA FORMACIÓN DEL PSICOTERAPEUTA. Curso de Counseling y Psicoterapia, Editorial Lulú (digital)

Taller de Psicodiagnóstico: La interpretación de las "Manchas de tinta", según el Z-Test, Editorial Lulú (digital)

"Test Grafológico (Método de aplicación directa)", Editorial Lulú (digital)

"Curso-Taller de ANÁLISIS TRANSACCIONAL". Editorial Lulú (digital)

"Diario de estío, con hojas del otoño". Editorial Lulú (digital)

"Dos conferencias sobre el amor". Editorial Lulú (digital)

Taller de Psicopatología para psicólogos. Editorial Lulú (digital)

"De amor, mitología y pensamiento". Editorial Lulú (digital)

"Individualismo Solidario". Editorial Lulú (digital)

"Tres conferencias sobre Freud: Las claves del deseo".Editorial Lulú (digital)

"Ejercicios Espirituales y Psicoterapia". Ed. Lulú (Digital)

"Los ríos sonorosos (Divagaciones sobre arte, belleza y poesía)". Ed. Lulú (digital)

"Ignacio de Loyola, PSICOLOGÍA Y ESPIRITUALIDAD". Ed. Lulú (digital)

"Cuando la luz se enturbia (Diario de un psicoterapeuta)", Ed. Lulú (digital).

"Psicología y Espiritu en la Obra de Juan Ramón Jiménez (Seis conferencias))", Ed. Lulú (digital).

"Psico-Neurología: Instinto, Mente y Espíritu (Cuatro conferencias) Ed. AutoresEditores

www.ingramcontent.com/pod-product-compliance
Lightning Source LLC
Chambersburg PA
CBHW061738250726
48657CB00002B/988